BEI GRIN MACHT SICH IHR WISSEN BEZAHLT

- Wir veröffentlichen Ihre Hausarbeit, Bachelor- und Masterarbeit

- Ihr eigenes eBook und Buch - weltweit in allen wichtigen Shops

- Verdienen Sie an jedem Verkauf

Jetzt bei www.GRIN.com hochladen und kostenlos publizieren

Bibliografische Information der Deutschen Nationalbibliothek:

Die Deutsche Bibliothek verzeichnet diese Publikation in der Deutschen Nationalbibliografie; detaillierte bibliografische Daten sind im Internet über http://dnb.d-nb.de/ abrufbar.

Dieses Werk sowie alle darin enthaltenen einzelnen Beiträge und Abbildungen sind urheberrechtlich geschützt. Jede Verwertung, die nicht ausdrücklich vom Urheberrechtsschutz zugelassen ist, bedarf der vorherigen Zustimmung des Verlages. Das gilt insbesondere für Vervielfältigungen, Bearbeitungen, Übersetzungen, Mikroverfilmungen, Auswertungen durch Datenbanken und für die Einspeicherung und Verarbeitung in elektronische Systeme. Alle Rechte, auch die des auszugsweisen Nachdrucks, der fotomechanischen Wiedergabe (einschließlich Mikrokopie) sowie der Auswertung durch Datenbanken oder ähnliche Einrichtungen, vorbehalten.

Impressum:

Copyright © 2017 GRIN Verlag
Druck und Bindung: Books on Demand GmbH, Norderstedt Germany
ISBN: 9783668609631

Dieses Buch bei GRIN:

https://www.grin.com/document/386889

Malte König

Der polizeiliche Schusswaffengebrauch in Nordrhein-Westfalen. Historische Entwicklung des "finalen Rettungsschusses"

GRIN Verlag

GRIN - Your knowledge has value

Der GRIN Verlag publiziert seit 1998 wissenschaftliche Arbeiten von Studenten, Hochschullehrern und anderen Akademikern als eBook und gedrucktes Buch. Die Verlagswebsite www.grin.com ist die ideale Plattform zur Veröffentlichung von Hausarbeiten, Abschlussarbeiten, wissenschaftlichen Aufsätzen, Dissertationen und Fachbüchern.

Besuchen Sie uns im Internet:

http://www.grin.com/

http://www.facebook.com/grincom

http://www.twitter.com/grin_com

Fachhochschule für öffentliche Verwaltung NRW

Abteilung Köln

Studienabschnitt Hauptstudium (HS3)

Fachbereich PVD

Fach bzw. Modul: Eingriffsrecht

Historische Entwicklung des „finalen Rettungsschusses"
in Nordrhein-Westfalen

Malte König

Einstellungsbehörde: PP Aachen

Abgabedatum: 02.02.2017

Kurs: P 14 / 04

Einstellungsjahrgang: 2014

Inhaltsverzeichnis

Abkürzungsverzeichnis II

1 Einleitung 1

2 Begriffsbestimmung 1

   2.1 Schusswaffengebrauch - § 63 PolG NRW 2

   2.2 Historische Entwicklung des finalen Rettungsschusses in NRW .. 3

   2.3 Verfassungsrechtliche Vorgaben 5

3 Fazit 6

4 Literaturverzeichnis 7

5 Verzeichnis verwendeter parlamentarischer Dokumente 7

6 Quellenverzeichnis 7

Abkürzungsverzeichnis

Abs.	Absatz
Art.	Artikel
i. S. d.	im Sinne des
GG	Grundgesetz
MEPolG	Musterentwurf eines einheitlichen Polizeigesetzes
PolG NRW	Polizeigesetz Nordrhein-Westfahlen

1 Einleitung

Vom ersten Tag im Außendienst führen Polizeivollzugsbeamte ihre Schusswaffe mit sich. Von deren Gebrauch besteht wohl der höchste Respekt. Schnell wird es zur Routine, die Pistole im Holster zu tragen. Bei Fahrzeug- oder Personenkontrollen ist es oftmals Routine für den sichernden Beamten, die Hand zur im Holster befindlichen Schusswaffe zu führen. Der tatsächliche Einsatz der Dienstwaffe, sowohl auch nur der angedrohte, ist im Leben der meisten Polizeibeamten allerdings eher eine Seltenheit. Die Auswirkungen, die sich aus einem solchen Einsatz für die Beteiligten ergeben können sind jedoch um ein Vielfaches bedeutender. Die Anlässe die Schusswaffe einzusetzen können höchst unterschiedlich sein. Zum einen kann eine plötzliche Bedrohung auftreten und unmittelbar gegen eingesetzte Beamte gerichtet sein, in der sich der Beamte in Bruchteilen von Sekunden für oder gegen den Schusswaffengebrauch entscheiden muss. Anderseits kann der Einsatz der Schusswaffe ein Ergebnis von stunden- oder gar tagelangen Beratens und Abwägens sein.

Diese Arbeit soll den Schusswaffengebrauch in Nordrhein-Westfahlen kurz thematisieren. Des Weiteren soll die Historische Entwicklung des finalen Rettungsschusses aufgezeigt werden. Außerdem sollen die Verfassungsrechtlichen Vorgaben gegenüber dem finalen Rettungsschusses erläutert werden.

2 Begriffsbestimmung

Eine allgemeine Legaldefinition für den finalen Rettungsschuss existiert nicht. Als finaler Rettungsschuss wird der gezielt tödliche Einsatz von Schusswaffen durch Polizeibeamte im Dienst bezeichnet, um Gefahr von Dritten abzuwenden. In der Literatur bedient man sich verschiedener Begrifflichkeiten, so wird zum Beispiel auch finaler Todesschuss, gezielter Todes- oder Rettungsschuss verwendet. Typische Einsatzgebiete sind Geiselnahmen, die nicht über Verhandlungen oder mit nichttödlichem Einsatz von Waffen gelöst werden können.[1] Verstanden werden muss darunter ein Schuss, „der mit an Sicherheit grenzender Wahrscheinlichkeit tödlich wirken wird", welcher im § 63 Abs. 2 Satz 2 PolG NRW Regelung findet. Dass mit dieser Formulierung der finale Rettungsschuss gemeint ist, klärt sich für Nordrhein-Westfahlen durch die Verwaltungsvorschriften zum Polizeigesetzt: In der Ziffer 63.22 heißt es, dass § 63 Abs. 2 Satz 2 PolG NRW den finalen Rettungsschuss regelt.[2]

2.1 Schusswaffengebrauch - § 63 PolG NRW

Der polizeiliche Schusswaffengebrauch ist in allen Polizeigesetzen der Länder und des Bundes eingehend geregelt.[3] Der § 63 PolG NRW enthält allgemeine Vorschriften für den Schusswaffengebrauch. Die Norm gilt sowohl für den Gebrauch der Schusswaffe gegen Menschen als auch gegen Tiere und Sachen. Die Vorschrift ist eine Konkretisierung des Erforderlichkeitsgebotes.[4] § 63 Abs. 1 Satz 1 PolG NRW erlaubt den Gebrauch der Schusswaffe, wenn andere Maßnahmen des unmittelbaren Zwangs erfolglos sind oder offensichtlich keinen Erfolg versprechen. Demnach muss überprüft werden, ob körperliche Gewalt i. S. d. § 58 Abs. 3 PolG NRW oder aber der Einsatz von Hilfsmitteln der körperlichen Gewalt, § 58 Abs. 3 PolG

---

[1] Lisken/Denninger. Handbuch des Polizeirechts. 5. Auflage. 2012. Rn. E 928.

[2] Verwaltungsvorschrift zum Polizeigesetz des Landes Nordrhein-Westfalen (VVPolG NRW) in der Fassung der Bekanntmachung vom 25. Juli 2003 (GV. NRW. S. 441) zuletzt geändert durch RdErl. v. 17.11.2010 (MBl. NRW. 2011 S. 22).

[3] vgl. § 54 PolG BW, Art. 66 PAG (Bayern), § 9 UZwG Bln., § 66 BbgPolG, § 46 BremPolG, § 24 SOG, § 60 HSOG, § 109 SOG M-V, § 76 Nds. SOG, § 63 POG, § 57 SPolG, § 34 SächsPolG, § 65 SOG LSA, § 258 LVwG, § 64 PAG (Thüringen), § 12 UZwG (Bundespolizei)

[4] Bialon/Springer. Eingriffsrecht. 2. Auflage. 2014. Rn. 838

NRW nicht ausreichend sind um den Erfolg der polizeilichen Maßnahme herbeizuführen. Wenn dies zu bejahen ist, ist der Schusswaffe erlaubt.[5]

2.2 Historische Entwicklung des finalen Rettungsschusses in NRW

Das Konzept des finalen Rettungsschusses wurde im Jahre 1973 - infolge des Münchner Geiseldramas am 5. September 1972 - entwickelt.[6] In Deutschland haben es seitdem 13 der 16 Länder in ihre Polizeigesetze aufgenommen, die demnach das Grundrecht auf Leben einschränken. Bis Februar 2010 gab es in Nordrhein-Westfahlen keine gesetzliche Bestimmung, welche den Schusswaffengebrauch mit wahrscheinlich tödlichen Folgen explizit enthalten hätte.[7] Bis dahin durften Schusswaffen nur gegen Personen gebraucht werden, um diese angriffs- oder fluchtunfähig zu machen.

Die CDU-Fraktion brachte am 31.03.1978 den Gesetzesentwurf „Gesetz zur Vereinheitlichung des Polizeirechts im Lande Nordrhein-Westfalen – PolRVereinG NW" in den Landtag ein.[8] In seinem § 43 Abs. 2 Satz 2 sah dieses Gesetz eine dem MEPolG gleich lautende Regelung vor. In der allgemeinen Begründung legt die Fraktion dar, dass es „aufgrund der erforderlichen Zusammenarbeit der Polizeien des Bundes und der Länder" dringend erforderlich sei, „die Polizeigesetze der Länder einschließlich des Rechts der Zwangsmittel und der Anwendung des unmittelbaren Zwangs in einer einheitlichen Fassung zu verabschieden."[9] Diesbezüglich verweist sie auf die einstimmigen Beschlüsse der Innenministerkonferenz vom 25.11.1975.

---

[5] Bialon/Springer. Eingriffsrecht. 2. Auflage. 2014. Rn. 839
[6] Krey/Meyer. Zeitschrift für Rechtspolitik. 1973. S. 1 ff.
[7] Gesetz- und Verordnungsblatt (GV. NRW.) Ausgabe 2010 Nr. 7 vom 23.2.2010.
[8] Landtag Nordrhein-Westfahlen. Drucksache 8/3130. S. 26.
[9] Landtag Nordrhein-Westfahlen. Drucksache 8/3130. S. 45.

Die Fraktion verweist unter Ziffer 3.44 des Entwurfes (Gesetzesbegründung) auf die bis dato fehlende öffentlich-rechtliche Grundlage zur Abgabe des Schusses auf lebensnotwendige Organe. Das Argument, dass der tödlich wirkende Schuss unter Notwehr rechtlich zu führen sei, wird in der Gesetzgebung entkräftet: Notwehr könne der Polizeibeamte lediglich zur eigenen Verteidigung einsetzten. Nothilfe jedoch setzt einen Verteidigungswillen der bedrohten Person voraus, welcher allerdings nicht in jedem Fall unterstellt werden kann.[10] Der Rückgriff auf die allgemeinen Notwehrrechte könne unter diesem Umstand im Einzelfall verwehrt werden. Des Weiteren würde beim Rückgriff auf Notwehrrechte die Weisungsbefugnis des Dienstvorgesetzten entfallen, was im Einzelfall eine weitere Komplikation darstellen könnte. Zusätzlich wird der Aspekt der Verhältnismäßigkeit in der Einzelbegründung noch einmal besonders hervorgehoben.[11] Sollten in der Zukunft Methoden entwickelt werden, welche eine vergleichbare Angriffsunfähigkeit bewirken können, die nicht den Tod des Angreifers herbeiführen, entfällt die Ermächtigung sofort.

Im Januar 1990 brachte die CDU-Fraktion wiederum einen Änderungsantrag zu einem Gesetzesentwurf der damaligen Landesregierung.[12] Die Fraktion bittet unter der Ziffer 27 des Antrags darum, den dem MEPolG entsprechenden Passus zur Regelung des finalen Rettungsschusses auch in das PolG NRW zu übernehmen.[13]

Der Antrag scheiterte in beiden Fällen. Nur unwesentlich unterscheiden sich die damaligen Argumente von den Begründungen, welche im Rahmen der 14. Wahlperiode letztendlich dazu führten, dass der finale Rettungsschuss in das PolG NRW aufgenommen wurde.

---

[10] http://www.kriminologie.uni-hamburg.de/wiki/index.php/Stockholm-Syndrom. Aufgerufen am 28.01.2017.
[11] Landtag Nordrhein-Westfahlen. Drucksache 8/3130. S. 83.
[12] vgl. Landtag Nordrhein-Westfahlen. Drucksache 10/5134 und 10/3997
[13] Landtag Nordrhein-Westfahlen. Drucksache 10/5134. S. 3.

2.3 Verfassungsrechtliche Vorgaben

Gemäß Art. 2 Abs. 2 Satz 1 GG hat jeder das Recht auf Leben. In diesem Fall ist auch der Rechtsbrecher „Jeder". Der Geiselnehmer, der zur Durchsetzung seiner verbrecherischen Ziele andere Menschen in seine Gewalt bringt und mit dem Tode bedroht oder anderen Menschen sogar das Leben genommen hat, ist Grundrechtsträger.[14] Das Grundrecht auf Leben steht unter dem ausdrücklichen Gesetzesvorbehalt des Art. 2 Abs. 2 Satz 3 GG. Demnach darf aufgrund eines Gesetzes in das Lebensrecht eines Menschen eingegriffen werden. Aus dieser Bestimmung lässt sich schlussfolgern, dass ein Eingriff in das Lebensrecht durch staatliche Organe kein absolutes Verbot enthält, einen Menschen das Leben zu nehmen. Allerdings steht diesem normativen Befund der Wortlaut des Art. 19 Abs. 2 GG entgegen, wonach in keinem Falle ein Grundrecht in seinem Wesensgehalt angetastet werden darf. Eine naive Auslegung dieser Norm wird zu dem Schluss kommen, dass eine Tötung gegen die Wesensgehaltsgarantie verstoße, da sie von der Substanz des Grundrechts überhaupt nichts mehr übrig lasse.[15] Da der Mensch nicht zum Objekt der Staatsgewalt gemacht werden kann[16], ist es fraglich, ob der Todesschuss gegen die Unantastbarkeit der Menschenwürde gewertet werden muss. Bei einer Geiselnahme hat der Staat eine Doppelfunktion. Einerseits hat er das Leben des Geiselnehmers zu achten und anderseits das Leben der Geiseln zu schützen. Ist der Konflikt nicht lösbar, hat der Schutz der Menschenwürde des Opfers Vorrang vor der Achtung der Menschenwürde des Rechtsbrechers.[17]

---

[14] Lisken/Denninger. Handbuch des Polizeirechts. 5. Auflage. 2012. Rn. E 935.

[15] Lisken/Denninger. Handbuch des Polizeirechts. 5. Auflage. 2012. Rn. E 936.

[16] BVerfGE 30, 1.

[17] Tetsch. Eingriffsrecht Band 2: Eingriffsmaßnahmen, Zwang Rechtschutz und Haftung. 4 Auflage. 2010.

3 Fazit

Alle denkbaren Szenarien, die den finalen Rettungsschuss beinhalten haben eines gemeinsam, den Angreifer zu töten. Warum der § 63 Abs. 2 Satz 2 erst Anfang 2010 in das PolG NRW verändert wurde, ist fragwürdig. Fraglich ist auch, ob bekannte Fälle aus heutiger Sicht anders gelöst worden wären, wenn es den finalen Rettungsschuss schon 1977 gegeben hätte, wie es die Innenministerkonferenz vorgesehen hatte. Durch die Einführung des § 63 Abs. 2 Satz 2 PolG NRW wurden zumindest Unklarheiten im Zusammenhang mit Nothilfe, so wie der Weisungsbefugnis des Dienstvorgesetzten beseitigt. Des Weiteren sind jedoch Situationen denkbar, in denen der Angriff nicht von einem Einzelnen sondern von einer Gruppe ausgeht. In solchen Szenarien, beispielsweise einem terroristischen Anschlag, könnte sich die Regelung des finalen Rettungsschusses als nicht weit genug gehend erweisen. Als Ausgangslage wurden seinerzeit und bis heute die Geisellagen als Standartfall zur Bewertung der Zulässigkeit zu Grunde gelegt. Die Möglichkeit für die Polizei, tödlich auf einen oder mehreren Angreifer einzuwirken, könnte sich also in der Zukunft als noch wichtigere herausstellen.

4 Literaturverzeichnis

Bialon / Springer	Eingriffsrecht. C.H. Beck Verlag. 2. Auflage. 2014.
Krey / Meyer	Zeitschrift für Rechtspolitik. 1973.
Lisken / Denninger	Handbuch des Polizeirechts. C.H. Beck Verlag. 5. Auflage. 2012.
Tetsch	Eingriffsrecht Band 2: Eingriffsmaßnahmen, Zwang Rechtschutz und Haftung. Verlag deutsche Polizeiliteratur GmbH Buchvertrieb. 4. Auflage. 2010.

5 Verzeichnis verwendeter parlamentarischer Dokumente

Dokumentenart des Landtages NRW	Datum/Urheber	Registriernummer
Drucksache	31.03.1978/Gesetzesentwurf der Fraktion der CDU	8/3130
Drucksache	24.01.1989/Gesetzesentwurf der Landesregierung	10/3997
Drucksache	18.01.1990/Änderungsantrag der Fraktion der CDU	10/5134

6 Quellenverzeichnis

http://www.kriminologie.uni-hamburg.de/wiki/index.php/Stockholm-Syndrom. Aufgerufen am 28.01.2017

BEI GRIN MACHT SICH IHR WISSEN BEZAHLT

- Wir veröffentlichen Ihre Hausarbeit, Bachelor- und Masterarbeit

- Ihr eigenes eBook und Buch - weltweit in allen wichtigen Shops

- Verdienen Sie an jedem Verkauf

Jetzt bei www.GRIN.com hochladen und kostenlos publizieren